LOS BEBÉS DE LA SELVA

LAS CRÍAS DE LOS TUCANES

por Genevieve Nilsen

TABLA DE CONTENIDO

tadpole en español

PALABRAS A SABER

comen

fruta

pico

plumas

polluelos

tucanes

LAS CRÍAS DE LOS TUCANES

¿Qué pájaros son estos? ¡Tucanes!

A sus bebés se les llama polluelos.

Les crecen plumas.

Ellas son negras con blanco.

Los polluelos tienen los picos pequeños.

Estos son amarillos.

guayaba

Ellos comen fruta.

¡Les crecen los picos!

Estos se vuelven anaranjados.

¡Los usan cuando comen!

¡Mmm!

¡REPASEMOS!

¿Es este tucán un polluelo o un adulto? ¿Cómo lo sabes?

ÍNDICE